GUILLERMO ARANGO

MEMORIA
DE UN PASADO INMEDIATO

REMEMBRANCE
OF A TIME JUST PAST

ENGLISH VERSION BY HUGH A. HARTER

LINDEN LANE PRESS

Copyright © 1992 by Guillermo Arango
English Version Copyright © 1992 by Hugh A. Harter
Printed in the United States of America

ISBN 0-913827-04-5

Aknowledgements:
Cover Design by Brent Emery (from a drawing by M. Voris and E. Bell).
Photo credit by Lauren H. Arango
The author would like to express his thanks to L. H. Arango for her valuable technical help in the preparation on this manuscript.

All rights reserved. Except for brief passages quoted in a newspaper, magazine, radio, or television review, no part of this book may be reproduced without written permission of the editors and / or Ediciones LINDEN LANE PRESS.

LINDEN LANE PRESS
PO Box 2384
Princeton, NJ 08543-2384

GUILLERMO ARANGO

Memoria de un pasado inmediato

Remembrance of a time just past

A Belkis, a Heberto
centinelas de la llama.

A mi gente.

For Belkis, for Heberto
keepers of the flame.

For my people.

Contenido / Contents

La causa *10*
    The cause *11*
Bajo el signo de Piscis *10*
    Under the sign of Pisces *11*
Vivir es recordar *12*
    To live is to remember *13*
Esta isla abandonada *14*
    This abandoned island *15*
La llave del golfo *16*
    Key to the abyss *17*
Rumiando como una vaca al sol *16*
    Chewing the cud like a cow in the sun *17*
Retrato de mi abuelo (1952) *18*
    Portrait of my grandfather (1952) *19*
A mi madre *20*
    To my mother *21*
Mis tías se despiden *26*
    My aunties take their leave *27*
Un tibio nido de pájaros *28*
    A tepid nest of birds *29*
Primera palabra *30*
    First word *31*
Sueño infantil *32*
    Infant's sleep *33*
El hijo adoptivo *32*
    The adoptive son *33*
Pregunta *34*
    Question *35*
Memoria de mi padre *36*
    Memory of my father *37*
Devoción *40*
    Devotion *41*
Chicago 1963 *42*
    Chicago 1963 *43*
Halsted Street blues *44*
    Halsted Street blues *45*

Manifiesto para Jack Kerouac *46*
        Manifesto for Jack Kerouac *47*
Signo de nuestro tiempo *48*
        The sign of our time *49*
El gato barcino *50*
        The brown cat *51*
Los amantes de la avenida Belmont *52*
        The lovers of Belmont Avenue *53*
Mi poema *58*
        My poem *59*
Señas de identidad *60*
        Signs of identity *61*
Vuelo *62*
        Flight *63*
Hinmo *64*
        Hymn *65*
Fragmento de metralla *66*
        Fragment of schrapnel *67*
Pregón *68*
        Proclamation *69*
Aquel algo tan remoto *70*
        That something so remote *71*
En este día *72*
        On that day *73*
Dádiva del alba *72*
        Dawn's gift *73*
Parábola *74*
        Parable *75*
Pancarta *74*
        Placard *75*
Saludo *76*
        Greeting *77*
Viva la vida *76*
        Long live life *77*
Memoria de un pasado inmediato *78*
        Remembrance of a time just past *79*
Retórica *80*
        Rhetoric *81*

Algún día *82*
    Some day *83*
En algún lugar del mundo *84*
    Somewhere in the world *85*
Canto personal *86*
    Personal song *87*
Lo que queda *88*
    What is left *89*
Vaticinio *90*
    Prophecy *91*

*No siempre se puede ser
del momento que se vive.
Nos pesa mucho el ayer.*

Rafael Alberti

*Oh vida por vivir y ya vivida
Tiempo que vuelve en una marejada
Y se retira sin volver el rostro.*

Octavio Paz

*We cannot always be a part
of the moment we are living.
Yesterdays weigh heavy on us.*

Rafael Alberti

*Oh life to be lived and already lived
Time that returns like a swell of the sea
And draws back again without turning its face*

Octavio Paz

La causa

No es el espíritu el que pesa,
ni el corazón el que se lleva a rastras;
lo que duele es ser hombre.

Bajo el signo de Piscis

Cuenta mi madre
que nací llorando
con los ojos abiertos
y la cara hacia el cielo.
Desde entonces
persigo relámpagos
y sigo la ruta
de las estrellas fugaces
en las noches de invierno.

The cause

It is not the spirit that is heavy,
nor the heart we drag along with us,
it's being a man that causes pain.

Under the sign of Pisces

My mother says
I was born weeping
eyes wide open
and face turned to the sky.
Since then I pursue
lightning flashes
and follow the route
of fleeing stars
on winter nights.

Vivir es recordar

Vivir es recordar
un triste despertar
en un tren en el alba,
haber palpado la incierta luz,
haber sentido en el cuerpo roto
el amargo dolor del aire
penetrante.
        Pero recordar
la súbita libertad del momento
en la luminosidad de la mañana
es la revelación
de un dulce presagio: a mi lado
un joven soldado lleno de futuro
evidencia
la divisa multicolor de su uniforme
y afuera un mundo que se despereza
todo lleno de color,
y el ansia inaplazable
                en júbilo
de un paraíso que empieza.

To live is to remember

To live is to remember
a sad awakening
on a train at dawn,
after feeling the uncertain light,
having felt in the broken body
the bitter pain of the
penetrating air.
                      But remembering
the sudden liberty of the moment
in the luminosity of morning
is the revelation
of a sweet omen: at my side
a young soldier full of the future
showed off
the multicolored emblem of his uniform
and outside a world that stretches
all full of color,
and the unrelenting anguish
                              jubilant
for a paradise just beginning.

Esta isla abandonada

Esta isla abandonada
es un cuerpo exasperado
que vaga a la deriva
sin luz y sin olvido,
la calina a ras de la garganta,
la fiebre amontonada
en torno al pecho.

Esta isla de que hablo es mía,
no tengo otra
donde reposar los huesos peregrinos
o encender la lumbre
y mirar el espejo de la luna,
o recoger en una concha
el cárdeno céfiro de la mañana.

No tengo otra tierra ni eso importa,
basta ésta, y sobra, para sufrirla
con cada uno de sus hijos,
y luego repartirla
con las aves de rapiña ...

This abandoned island

This abandoned island
is an exasperated body
that floats aimlessly adrift
without light or forgetfulness,
mist level with the throat,
fever mounting up
around the breast.

This island I speak of is mine,
I have no other
where I can rest my peripatetic bones
or light the flame
and see the mirror of the moon,
or gather in a shell
the morning's opalescent zephyr.

I have no other land, nor does it matter,
this one's enough, and doubly so, to bear it
with each of its children,
and then share it
with birds of prey ...

La llave del golfo

De tanto forzarla
en cerraduras extrañas
la rompieron.
Pero quienes la poseyeron
nos recuerdan
que abría las puertas del paraíso ...
                                          y del infierno.

Rumiando como una vaca al sol

Con un sabor a odio
la sangre atruena en la garganta
y comprendemos que la soberbia
sólo dicta malas palabras.
Pero hay que escribirlas
coño,
aunque la página
lívida de cólera
se torne en mortaja.

Key to the abyss

By so much forcing
into ill-fitting locks,
they broke it.
But those who possessed it
remind us
that it opened gates to paradise ...
                                   and to hell.

Chewing the cud like a cow in the sun

With a flavor of hatred
my blood thunders in my throat
and we comprehend that arrogance
only gives voice to foul words.
But they must be written
coño,
even though the page
livid with anger
turns into a shroud.

Retrato de mi abuelo (1952)

Sentado en al vano
de la puerta
con su boina y su bastón,
su imagen imperterrita, insondable,
suspendida en el tiempo,
aún desafiante.
Su casa y su dignidad
lo acompañan
y una historia no escrita
pero real, de lucha y gozo,
de ser y andar,
de ganar y perder.
A su lado
la figura velada de la abuela
su compañera fiel ...
                y el sol.
No quiere más.
¡Qué importa el mundo ya!
Noventa y dos años ...
                y a esperar.

Portrait of my grandfather (1952)

Seated in the framework
of the door
with his beret and his cane,
his image undaunted, inscrutable,
suspended in time,
still challenging.
His house and his dignity
go with him
and an unwritten story,
a real one of struggle and gladness,
of being and going,
of winning and losing.
At his side
the blurred figure of the grandmother
his faithful companion ...
                            and the sun.
He wants nothing more.
What difference is the world now!
Ninety-two years ...
                          and waiting.

A mi madre

Tengo hambre de ti madre mía
alimento suave madre vida
que el paladar no olvida.
Quiero escribir un poema
ahora que mis sienes se agrisan;
quiero cantar a tu savia que me alumbra
para evocar la certeza
de aquel niño entre tus brazos,
del arrullo de besos
de las nanas cautivas
y el silencio obediente en tu regazo.
Quiero hacer un poema
para saciar toda mi sed de ti madre agua,
aljibe secreto donde mana la vida;
quiero la límpida memoria
de tu familiaridad desnuda,
tu forma invisible de pájaro sin canto,
el palpitar de tus paraisos incompletos.
Pero cómo soñarte madre hambre
si apenas olvido tu dulzura lejana,
tu solicitud de enredadera trepando
hasta el fondo de mi canto,
tu estampa de cansancio repetido,
tu nombre bíblico y tu sabor
aquel sabor madre miel
tan tuyo incomparable?

Tengo hambre de ti madre mía
de tu luz dorando mi memoria
y haciéndola más dulce,

To my mother

I am hungry for you, Mother mine,
gentle nourishment mother life
that the palate does not forget.
I want to write a poem
now that my temples turn to grey;
I want to sing your emanation that lights my way
to evoke the certainty
of that child held in your arms,
of the lulling rock of kisses
of the captive lullabies
and the obedient silence of your lap.
I want to write a poem
to satiate all my thirst for you mother water,
secret cistern where life abounds;
I want the limpid memory
of your familiarity stripped-down,
your invisible form of songless bird,
the palpitating of your edens uncompleted.
But how to conjure dreams of you mother hunger
if scarcely I forget your distant gentleness,
your solicitude of a creeper climbing
to the very depths of my song,
your imprint of repeated weariness,
your biblical name and the taste of you
that mother honey taste
incomparably yours?

I am hungry for you, Mother mine,
for your light that fills my memories with gold
and makes them sweeter still,

de tu semilla perdida dentro de mi
creciéndose y justificándose
en cuanto tengo de hombre.
Tu razón ha sido siempre amor y caricia.
¡Cuán fresca tu gracia!
¡Qué ciega sed de ternura!
Abro los ojos a un recuerdo de acechanzas
y viene tu figura frágil caminando
siempre caminando de prisa;
luego sentada junto a mi
resignada ante lo vivo ante lo muerto,
ordenando las cosas
y llenándolas largamente con tu tacto,
cumpliendo con tus trabajos finos de bordado
creados por esas manos tuyas
que se mueven como pájaros
hechas para justificar la ternura.

Tengo hambre de ti madre mía
de tantos años idos al viento,
de tus cabellos grises,
de tu mirada inquieta siempre
en busca de lo bueno y lo sencillo,
de tus brazos ajados y hacendosos,
de tu suave tez iluminada madre pena
por una lágrima tenue
por un suspiro que nace
en el mismo origen del llanto.

Tengo hambre de ti madre mía
de tu aire donde siempre ha habido
un gusto a casa verdadera
a empanadas y platos de sopa,

of your seed lost inside of me
growing and justifying itself
in whatever in me is a man.
Your motive has always been love and endearment.
How refreshing is your gracefulness!
What thirst for tenderness!
I open my eyes on a memory of lying in wait
and along comes your frail figure
always walking apace;
then sitting down next to me
as resigned before what's alive as what's dead,
putting things into order
and filling them fully with your touch,
completing with your fine embroidery work
conceived by those hands of yours
that move like birds
created to justify tenderness.

I am hungry for you, Mother mine,
of so many years turned into wind,
for your grey hair,
for your always restless look
that searched for goodness and simplicity,
for your creased hard-working hands,
for your smooth light-colored flesh mother pain
for a tenuous tear
for a sigh that is born
in lamentation's very origin.

I am hungry for you, Mother mine,
for your air where there has always been
a taste of true home
with shepherd's pie and bowls of soup,

a sábanas límpias recien puestas,
a suaves trabajos de almidón y plancha,
a patio herido de arecas y geranios,
a tardes de sueño cuando el aire es todo siesta,
a rumores de estancias, rezos,
pasos rápidos, abrazos
emocionados, palabras cariñosas,
besos, y los inolvidables adioses encendidos.

Tengo hambre de ti madre mía
de tu voz viento nunca en reposo
y tu oración como un oficio
siempre a la puerta de la casa;
quiero oír tus ecos resonando unidos
en mañanas de júbilo
por todos los rincones de mi sangre: "abran
puertas y ventanas
para que entre la gracia de Dios".

¡Oh madre vida acógeme en tu seno!
¡Acércame a tu ausencia, nútreme
con tu tiempo total, con tu calor!
¡Susténtame con la sabia de tu pecho!
¡Aloja en tu regazo de verdad dulce
el bautismo añorado, casi olvidado
de tu herencia! ¡Acuna madre
mi alma sobrecogida que reclama en ti
desesperadamente el aliento que necesita!

with clean sheets newly on the beds,
with gentle work of starch and ironing,
with a garden struck with palms and geraniums,
with drowsy afternoons when the air is full of sleep,
with sounds from rooms, of prayer,
quick steps, embraces
full of feeling, loving words,
kisses, and passionate goodbyes not to be forgotten.

I am hungry for you, Mother mine,
for your voice of wind that never is at rest
and your prayer like a ritual
always at the house's door;
I want to hear the echoes of you all together sounding
on mornings of joyousness
throughout the nitches of my blood: "open
doors and windows
so God's grace may enter in".

Oh mother life press me tightly to your bosom!
Bring me closer to your absence, nourish me
with the wholeness of your time, with your warmth!
Sustain me with the wisdom of your breast!
Give lodging in your lap's gentle truth
to the longed-for, almost now forgotten baptism
of your inheritance! Give cradle mother
to my frightened soul that calls out
to you for breath it desperately needs!

Mis tías se despiden

La primera en marchitarse
fue la clara espiga de la tía Palmira.
Una tarde nos dijo "mañana
no despierto", y se despidió de todos,
de sus conejos y sus pitas,
y antes que llegara el sol
nos había dejado su precisa fragancia matinal.

Luego se nos fue
el tallo erguido de la tía Pilar.
Aliento de lluvia, sangre vegetal:
un día se disfrazó de planta
y se perdió en la nube espesa del monte.
En su adiós nos dejó un verde abrazo enamorado.

La última en irse fue la tía Piedad.
Se escapó una tarde de junio.
Hechó alas y revestida de poniente
se fue volando
que es la mejor forma
de eludir responsabilidades.
No nos dejó nada.

My aunties take their leave

The first to shrivel up
was the bright sprout of Aunt Palmira.
One afternoon she told us "tomorrow
I'll not awaken", and she bid goodbye to everyone,
to her rabbits and her chickens,
and before the sun rose
she had left her specific morning fragance.

Next to leave us was
the ramrod sprout of Aunt Pilar.
Breath of rain, vegetable blood:
one day she disguised herself like a plant
and disappeared in a dense mountain cloud.
In her goodbye she left us a green and passionate embrace.

The last to leave was Aunt Piedad.
She left one afternoon in June.
Sprouting wings and adorned with setting sun
she flew straight off
which is the best way
for escaping responsabilities.
She left us nothing.

Un tibio nido de pájaros

a mi hija Sara.

Tu piel era de plata, suave y clara.
Tus ojos dos estrellas de rocío
que robaron el color de las flores silvestres
      húmedas y transidas,
y tus manos pequeñas y sorprendentes
cerradas sobre el dedo pulgar.
"Tiene miedo perderlo", decía tu madre
      y te acunaba dichosa
con ojos donde había ese misterio extraño
que sólo tienen las miradas de las mujeres enamoradas.
Yo me acerqué a tu sueño de angel
y para apaciguar mi curiosidad de padre
cogí una de tus manitas que casi se perdió
entre mis cálidas manos de gigante, y delicadamente
      con cuidado infinito,
fui abriendo uno a uno los cinco deditos
que se empeñaban en permanecer cerrados
      guardando
el secreto de la palma.
Y al abrirse aquella manecita
apareció clara y rotunda
en obsequio de origen puro
la flagrante letra indescifrable.
Volviste a cerrar tu manita
dejando mi dedo prisionero
en aquella cárcel quieta y blanda.
Y todo era tan suave, tan intimamente entrañable
que me hacía recordar un tibio nido de pájaros
      hecho de ramitas y plumas ...

A tepid nest of birds

            to my daughter Sara.

Your skin was of silver, tender and bright.
Your eyes two stars of dew
that stole their color from the wild flowers
      so humid and distressed,
and your tiny and surprising hands
closed tightly over the thumb.
"She's afraid to lose it," said your mother
      and she cradled you happily
with eyes where that strange mystery existed
that only eyes of loving mothers possess.
I moved close to your angel's sleep
and to appease my curiosity as a father
I took one of those little hands, almost lost
between my hot giant's hands, and delicately
      with infinite care
I opened one by one the five small fingers
that struggled to stay closed
      holding in them
the secret of your palm.
And when the little hand did open
there appeared clear and round
as a gift of pure origin
the flagrant indecipherable letter.
You closed your fist again
holding my finger prisoner
in that quiet and soft imprisonment of yours.
And everything was so gentle, so intimately close
that it brought back to me the tepid nest of birds
      built of little boughs and of feathers ...

Primera palabra

Uno detrás de otros
los días pasan venturosos
y cada uno de ellos
nos da algo distinto de ti: la laguna
curiosa de tus ojos
al ir conociendo los rostros,
el color de las cosas y su perfil de vida;
tu sonrisa henchida de ternura
al vernos reír; y tu primera palabra,
aquella palabra balbuceante
imprecisa
que en un instante llenó nuestro espíritu
de una felicidad gloriosa.
"Mamá", dijiste,
pero fue como si dijeras "amor" o "Dios".
Alguien lloró, y nuestro asombro
se rompió en contagiosa alegría.
Tu madre se dobló sobre ti y te comió a besos.
Yo te miré sin aliento apenas
y deseé en lo más profundo aquel momento:
la emoción inefable de que pronto
me llamaras a mí.

First word

One after one
the days go by happily
and every one of them
give us something distinct of you: the pool
of curiosity in your eyes
as you look into faces,
the color of things and their profile of life;
your smile so filled with tenderness
when you see us laugh; and your first word,
that stammered word
imprecise
that in an instant filled our hearts
with glorious felicitude.
"Mama," you said,
but it was as if you'd spoken "love" or "God".
Someone cried, and our astonishment
burst out in contagious happiness.
Your mother bent over you and ate you up with kisses.
I looked at you with bated breath
and in that moment felt a deep desire:
the ineffable emotion that very soon
your call would be to me.

Sueño infantil

a mi hija Amanda.

Me conmuevo con la fantasía
que me ofrece esta hija.
Le digo que es lindo
su trabajo de colores
qué como lo hizo
para recoger en confusión de prisma
la inocencia de su sueño de arco iris.

El hijo adoptivo

Ni carne de mi carne
ni sangre de mi sangre
pero milagrosamente mío.

Nunca olvides
por un instante
que no creciste junto a mi corazón
sino dentro de él.

Infant's sleep

>to my daughter Amanda.

I am touched by the imagination
that this child offers me,
I tell her how lovely
her work of colors is
the way she did it
to catch in a prism's confusion
all the innocence of a rainbow's dream.

The adoptive son

Neither flesh of my flesh
nor blood of my blood
but miraculously mine.

Never forget
for even an instant
that you did not grow up close to my heart
but deep inside of it.

Pregunta

El ventarrón
con voz de trueno
sorprendió a los niños
allá
en el fondo del patio.
El susto
los hizo correr a mis brazos
vestidos de lluvia
con rostros de miedo
y ya a salvo del viento
mi niña
en el límite de la emoción
con ojos ansiosos
me preguntó: "Papito,
¿dónde se esconde el viento
cuando no sopla?"

Question

The violent wind
with voice of thunder
took the children by surprise
there
at the end of the yard.
The fright
made them run to my arms
covered with rain
faces of fear
and safe now from the wind
my daughter
at the end of her emotion
and with anxiety in her eyes
asked me: "Papito,
where does the wind hide
when it is not blowing?"

Memoria de mi padre

Mi padre es un hombre sencillo
que anda por verdades simples y profundas
en busca de esa sabiduría eterna y ancestral.
Es vigoroso y adusto en el carácter
sin rendijas avaras
en su bondad individual.
Como su estirpe asturiana
ha sido un hombre laborioso.
Su osamenta rijosa y dura
engendró una familia honrada y juiciosa
a la que siempre aponsentó bajo el calor de un techo
de sólida traza, modesto y acogedor.
Aún lo veo llegando siempre a medio día
con su camisa abierta pidiendo el almuerzo;
o lo imagino sentado en la sala bebiendo su café
y rumiando sus miedos y sus sueños.
En su historia no hay hechos sorprendentes;
sin embargo
ha conocido bien el mundo en los dolores y gozos
que le ha dado la vida.
Ha cultivado el respeto y la admiración de muchos
quizás por eso
nunca lo han llamado por su nombre
y aunque responde a Pepe o a José
siempre ha sido Arango para todos,
como si el apellido sólo
le diera validez de hombre.
Declaro que me descubro ante su vitalidad,
que me admiro ante su firmeza
y que toda su humanidad me enorgullece.

Memory of my father

My father is a simple man
who moves through simple and profound truths
in search of that eternal ancestral wisdom.
He is vigorus and austere of character
with no unsparing loopholes
in his individual goodness.
Like his Asturian forebears
he has been a hard-working man.
His sensitive harsh bones
engendered a family both honest and judicious
that he always lodged under the warmth of a roof
of solid layout, modest and hospitable.
I can still see him as he arrives midday
with his shirt unbuttoned asking for his lunch;
or I imagine him seated in the living room drinking coffee
and pondering his fears and dreams.
In his life's history there are not great surprises;
nonetheless
he's learned much of the world's pains and pleasures
that have given life to him,
He has cultivated the respect and admiration of many men
perhaps because of this
they have never called him by his name
and though he responds to Pepe or José
he's always just been Arango for everyone,
as though his surname alone
could give him a man's validity.
I declare I take my hat off to his vitality,
am astonished at his firmness
and all of his humanity makes me very proud.

Recuerdo que de muchacho me llevaba a todas partes;
dábamos juntos largas caminatas
y en su afán de mundo me contaba historias
de su vida, de la naturaleza,
me explicaba cosas del hombre.
Siempre soñando paraísos perdidos
mi padre me dio ojos que no puedo cerrar.
Creo que aún soy niño para él
o por lo menos me riñe como si lo fuera,
recordándome por centésima vez esto o lo otro.
Su imagen de hoy revela un hombre gastado
de sabiduría vasta, extraida de la solera
de una vida dura y difícilmente gozada.
Cargando sobre sus espaldas casi un siglo
ha aprendido que la vida cansa
pero ha sabido vivirla sin odios ni rencores.
Se pone de pie trabajosamente
y camina con cierta incertidumbre
pero sus piernas a pesar de su avanzada edad
lo sostienen de firme.
Siempre ha tenido gran capacidad de silencio
que es a la vez atención, reflexión, plegaria.
Debo señalar que cuando su figura sólida habla
lo hace con autoridad, con voz clara y repleta.
Habla como un hombre que contesta ahora
preguntas hechas hace ya mil años.
No se avergüenza de decir que cree;
no se disculpa de ser como es: en medio
de un mundo oblicuo y deslizante
donde nadie quiere definirse
por temor a que los valores de hoy
no sirvan mañana, mi padre
es un hombre sin miedo.

I recall that when I was a child he took me everywhere;
we took lengthy walks together
and in his thirst for the world he told me stories
of his life, of nature,
explaining men's things to me.
Always dreaming lost paradises
my father gave me eyes that I can never shut.
I think I'm still a child for him
or at least he chides me as if I were,
reminding me for the hundredth time of this or that.
Today's image of him shows an enfeebled man
of broad knowledge drawn from the basics
of a harsh life of difficult attainment.
With almost a century of burden on his back
he has learned that life can tire
but he has known how to live without hate or rancor.
He rises to his feet with trouble
and he walks with a certain hesitation
but despite his growing age his legs
still hold him firmly.
He has always had a great capacity for silence
which is attention, meditation, prayer.
I should point out that when his solid figure speaks,
it is authoritatively, with full clear voice.
He speaks like a man who now answers
questions formulated a thousand years ago.
He has no shame in saying just what he velieves;
he makes no excuses for being as he is: in the midst
of a slanting and slippery world
where no one wants to define himself
for fear that today's values
will not be good tomorrow, my father
is a fearless man.

Tal vez es uno de los pocos con verdadera fe.
Ese debe ser su secreto: no tener ninguno.
Es un hombre atento a Dios y a los hombres.
Oye con alma y cuerpo al que le hable
el lenguaje sin complejo de la vida.
Y sobre todo ora; tiene tiempo para orar,
y todos sabemos que lo hace de verdad
porque le dio su palabra a la oración.

Devoción

Hay algo que todos deseamos
y algo que todos tememos ...
                                  no sufrir
cuando algo nos hiere en carne viva
y sentir todo el dolor del hombre
cuando nada nos duele.

Perhaps he's one of very few with a certainty of faith.
That must be his secret: to have none.
He is a man attentive both to God and man.
He hears with soul and body whoever speaks
life's language without complexes.
And above all things, he prays; he has time to pray,
and we all know he does it truly
because he gave his word to prayer.

Devotion

There is something we all desire
and something we all fear ...
                                      not to suffer
when something wounds our mortal flesh
and to feel all the pain of man
when nothing pains us.

Chicago, 1963

Nos aparecimos un día
en aquella ciudad fría de luz arrinconada
al igual que un huésped desahuciado:
nuestros ojos amarrados
a los últimos recuerdos
y un clamor secreto escondido en el corazón.

Desertores de una horda,
huyendo del horror de las espinas
llegamos buscando
el cauce nuevo de las aguas mansas,
el camino melodioso de la luz;
llegamos pidiendo un mañana
donde se pueda respirar
el aire limpio y sin temor de la vida.

En Chicago bajo altas torres de silencio
arriamos la bandera
como los hijos pobres del olvido
que tienen una vida por construir.
Fue una hora insólita
dolorosa y bella,
marcando el declinar de una angustia
y el resucitar de una esperanza.
Y era un espectáculo delirante
el contemplar
aquel grupo de gente con rostro de verano
envuelto en ropas de invierno.

Chicago 1963

One day we showed up
in that cold city of background light
just like a tenant who's been evicted:
our eyes still moored
to the latest memories
and a secret cry of protest hidden in the heart.

Deserters from a multitude,
fleeing the horror of thorns
we arrived searching
the new channel for quiet waters,
the melodious path of light;
we came clamoring a tomorrow
where one can breathe
clean air without fear of life.

In Chicago beneath the tall towers of silence
we lowered the flag
like impoverished children of forgetfulness
that have a life to be constructed.
It was an unusual hour
painful and beautiful,
demarcating anguish's decline
and the rebirth of a hope.
And it was an impassioned spectacle
contemplating
that group of people with summer faces
swaddled in winter clothing.

Halsted Street blues

Cuando nieva y hace frío,
cuando me siento acorralado
bajo este cielo gris
por la pasión de una geografía
que tuve como propia;
cuando me veo inmensamente triste
en estas calles de ternuras esquivas
y la angustia reparte
pan caliente a manos llenas;
cuando el dolor elaborando lágrimas
es una batalla que se hace gota a gota
hasta ser un río encendido
que desborda sus cauces;
cuando finalmente llego
vestido de soledad
a la estancia desnuda y despiadada
y la ancha sombra de la desesperación
es una verdad
proclamada a voces ciegas ...
Cuando hace frío y nieva
me arrincono,
me achico,
me aniño
y pido un recuerdo que me acune
o un tibio sueño de luces viejas.

Halsted Street blues

When it snows and is cold,
when I feel closed in
under this grey sky
by a passion for a geography
that once was mine;
when I see myself immensely sad
in these streets of evasive tenderness
and anguish gives out
hot bread by the handfuls;
when pain elaborating tears
is a battle that goes on drop by drop
until it becomes an ignited river
that breaks through its banks;
when finally I come
adorned in solitude
to the denuded and merciless dwelling
and the broad shadow of desperation
is a truth
proclaimed in muffled voices ...
When it is cold and snowing
I withdraw from the world.
I shrink up,
I become child again
and I ask for a memory to cradle me
or a tepid dream of lights of times past.

Manifiesto para Jack Kerouac

Quisiste ser profeta de una nueva civilización
inspirada a desentrañar los cruces de América.
Vibrantes fueron tus palabras
    y concisas
tocadas de aliento profético;
te las devuelvo ya consagradas
en el altar de la vida:

Trata de estar poseído
    por una ingenua santidad de espíritu.
Sé siempre un genio: director de imágenes financiadas
    por los ángeles del paraíso.
Define vehementemente las indecibles visiones del ser.
No te emborraches fuera de casa.
Lo que sientas encontrará por sí solo su estilo.
Dedícale más tiempo a la poesía, pero sólo
    a lo que es en esencia.
Cree en las santas apariencias de la vida.
Traduce constantemente la historia real del mundo
    a un monólogo interior.
Sé, como Proust, un fanático del tiempo.
Escribe para que todo el mundo sepa tus sentimientos.
No pienses con palabras, procura ver la imagen.
Escribe para ti mismo, recogido, asombrado.
En el mar del lenguaje navega desde el centro a la orilla.
Esfuérzate en establecer el aluvión inédito
    que hay en tu espíritu.
Enamórate locamente de tu existencia.
Garabatea libretas secretas y escribe páginas frenéticas
    para tu exclusivo placer.

Manifesto for Jack Kerouac

You wanted to be the prophet of a new civilization
inspired to eviscerate the crossroads of America.
Your words were vibrant
        and concise
touched with prophetic breath;
I give them back already consecrated
on life's altar:

Try to be possessed
        by an ingenuous saintliness of spirit.
Always be a genius: the director of images financed
        by angels from paradise.
Vehemently define the unutterable visions of being.
Do not get drunk outside the home.
What you feel will find its own expression.
Dedicate more time to poetry, but only
        to what is its essence.
Believe in the holy appearances of life.
Constantly translate the real history of the world
        into an inner mologue.
Be, like Proust, a fanatic of time.
Write so that everyone will know your feelings.
Don't think with words, try to see the image.
Write for yourself, with modesty and astonishment.
In language's broad sea hold course to the center of the shore.
Make an effort to establish the unpublished alluvium
        that lies in your spirit.
Fall madly in love with your existence.
Scribble secret little books and write frenetic pages
        for your delight alone.

Acoge todo signo, ábrete de par en par.
Escucha.
Respira hondo y tan fuerte como puedas.
Equilibra tus consejos literarios, gramaticales
    y sintácticos.
Vive tu memoria y sobre todo asómbrate.
Finalmente un buen día
    acepta perderlo todo.

Signo de nuestro tiempo

Aprendemos a vivir en el temblor del trueno,
con el silbido quejumbroso del viento
bajo la sombrilla temblorosa del desastre.
¡Qué maestro de vida es el miedo!

Take in every sign, leave yourself wide open.
Listen.
Breath deeply and as strongly as you can.
Balance your literary, grammatical and syntactic
    counseling.
Live your memories and above all be astounded.
Finally one fine day
    accept losing everything.

The sign of our times

We learn how to live in the dread of the thunder,
with the querulous whine of the wind
beneath the tremulous parasol of disaster.
What a master of life fear is!

El gato barcino

a Belkis y sus gatos de Princeton

Años después que te fuiste
seguirás hambriento
en una cocina cualquiera
husmeando en los rincones
con tu hocico ancho de bigotes canosos
persiguiendo el ovillo de colores,
maullando
y agitando el rabo
sobre los flancos.

Huiste un buen día
desagradecido
pero aún en el sol del mediodía
con una mueca silente
tu sombra regresa a descansar
estirándose
en el calor de su baldosa preferida.

The brown cat
to Belkis and her Princeton cats

Years after you have left
you must still be hungry
in a kitchen somewhere
sniffing around in corners
with your broad snout with its white whiskers
hunting for the colored ball of wool,
meowing
and switching your tail
against your sides.

You ran away one fine day
ungratefully
but even in the noonday's sun
with a silent grimace
your shadow returns to take its rest
stretched out
in the warmth of its favorite tiled floor.

Los amantes de la avenida Belmont

A diario los veía pasar
y aunque llevaban el rostro abierto
a una sonrisa de aventura
en realidad visitaban
la cara oculta de la luna.

Llevaban silencio en torno a sus pasos
que seguían la órbita inviolable del girasol.

Su estampa era la del pájaro sin nido
pero yo los hacía viviendo
en una buhardilla en sombra
o en un cuarto desaliñado de sótano
        lleno de melancolía.

Llevaban fantasías y un anhelo de sueños
con calor de leyenda en el corazón.

Se reunirían en la estación del elevado
después de la soledad contidiana del trabajo
y de allí con la ilusión en las manos
prometiéndose eternidad en un abrazo
        iniciaban calle abajo
        el diario peregrinaje
parándose a ver las vidrieras
comprando un libro, una flor, un anillo,
marcando las rondas de las estaciones,
buscando el adios de los crepúsculos
para tañer la campana azul del mundo.
Sus miradas abrazadas

The lovers of Belmont Avenue

Day by day I saw them go by
and although their expression was one of openness
with a smile of adventure
in reality they visited
the dark side of the moon.

Theirs were silent steps
that followed the inviolate orbit of a sunflower.

Their image was one of a bird without nest
but I saw them living
in the shadow of an attic
or in a shabby basement room
      full of melancholy.

They held fantasies and an ache of dreams
with a warmth of legend in their hearts.

They met in the elevated's station
after the daily solitude of work
and from there, hands full of illusions,
promising eternity in an embrace
      they would start off down the street
      on their daily pilgrimage
stopping to look at shop windows
buying a book, a flower, a ring,
marking the rounds of the seasons,
searching out the farewells of twilights
in order to ring the world's azure bell.
Their passionate looks

en secreto de confesión;
sus labios abiertos reclamando
      el resplandor velado de las intimidades.

En mi enmarañada soledad de exilio
yo los envidiaba
y los hacía mirando los luceros de la tarde
tratando de reinventar la primavera,
tocándose dichosos
porque las caricias permanecen,
releyendo en cada día un infinito,
meciéndose en antiguos rituales
dulcemente aprendidos
              y renaciendo
por un hervor de besos y sueños.

Llevaban en sus ojos encendidos
el resplandor extraviado de los fuegos.

Una tarde dejaron de pasar
y luego otra
      y otra
      y otra
y de inmediato se esfumó el sortilegio.
Yo los buscaba
bajo el brillo triste de las luces
en el hormigueo afiebrado de la calle,
los buscaba impaciente
en el ensortijado afán de los cafés,
en los huecos hipnotizados de las confiterías,
en el resplandor de las vidrieras,
entre el traqueteo del parque al final de la avenida,

like secrets of confession;
their lips open and demanding
        the veiled splendor of intimacies.

In my entangled solitude of exile
I envied them
and I created them as they watched the evening lights
trying to reinvent the spring,
happily touching each other
because caresses always last,
rereading in every day an infinity,
rocking themselves in ancient rituals
sweetly learned
        and reborn
in a fervor of kisses and dreams.

In their burning eyes they held
the strayed splendor of fire.

One afternoon they did not go by
and then another
        and another
        and another
and the sortilege went up in smoke.
I looked for them
under the dismal gleam of lights
in the feverish beehive of the street,
impatiently I sought them out
in the bejeweled exertion of cafes,
in the mesmerized corners of confection shops,
in the shining brightness of shop windows,
amidst the clatter of the park at the end of the avenue,

a través de una niebla de golondrinas.
                              Y no lloré,
sólo sentí una pequeña angustia
porque aunque perdí la frescura de la tarde
me habían dejado su herencia de alegría
y pude guardar el aliento que llevaban,
        el temblor de pájaro
            volando entre los dedos
que resuelto entra en los espacios
dispuesto a transformar el mundo
y a propiciar el destino de todos los sueños.

through a mist of swallows.
                                       And I did not weep,
I only felt slight anguish
because I had lost the freshness of the afternoon
they had left me a legacy of happiness
and was able to keep the breath they carried with them,
        the trembling of a bird
            soaring through fingers
that resolutely goes into the air
ready to change the world
and to win over the destiny of all dreams.

Mi poema

Mi poema no es sólo
la fragancia de la rosa
el aguijón de la espina
la noche perdiéndose en mi angustia.
Mi poema no es sólo la voz suave
en medio del quebranto
o la ilusión dolida de aquellos
que nacieron de espalda a las estrellas.
Ahora mientras duermes el sol estalla
en un alba de clarines
y mi poema no tiene sombras
ni venas entumecidas
sino el diario palpitar de la vida.
Te miro y aprendo a respirar contigo,
te observo detenidamente y quiero ser
tu primavera cuando despiertes.
¡Déjame hablar de tu silencio ardiente!
Deja que mi poema se inunde
con el olor de tu sueño
ahora que tu piel reposa
y mis entrañas gritan,
ahora que mi voz late en tu sangre
en este hermoso día en que
un sol radiante perfora
el cotidiano despertar
de nuestra eternidad callada.

My poem

My poem is not only
the fragrance of the rose
the sting of the thorn
night losing itself in my anguish.
My poem is not only the soft voice
amidst affliction
or the pained illusion of those
who were born on the other side of the stars.
Now while you are sleeping the sun bursts forth
in a dawn of trumpets
and my poem has no shadows
nor veins benumbed
only the daily palpitation of life.
I see you and learn to breath with you,
I observe you carefully and I want to be
your springtime when you awake.
Let me speak of your fervent silence!
Let my poem be drowned
in the odor of your dream
now that your flesh is at rest
and my deepest being cries out,
now that my voice beats in your blood
on this beautiful day when
a radiant sun perforates
the daily awakening
of our voiceless eternity.

Señas de identidad

Te juntabas a mí
y te complacías
en mostrarme
aquella mancha impúdica
que se escurría
en descenso imperfecto
sobre el seno izquierdo
hasta tocar
la fresa del pezón.
Luego me pedías
te mostrara
mi cicatriz furtiva,
la única reliquia de guerra
que poseía,
y reíamos ingenuos
de nuestra incontinencia.
Al punto nos besábamos
para desatar el pasado
que era nuestro presente más insólito.
Así transcurríamos
inocentes
temerosos
abrazados a nuestros miedos.
Tú marcada por la sangre.
Yo marcado por la vida.

Signs of identity

You came to my side
and took delight
in showing me
that shameless spot
that slid
on an imperfect inclination
down your left breast
as far as
your nipple.
Then you asked me
to show you
my stealthy scar,
the only relic of warfare
that I had,
and we laughed naively
at our incontinence.
At once we kissed
to undo the past
that was our most unusual present.
And so time passed for us
innocent
afraid
clinging to our fears.
You branded by your blood.
I branded by life.

Vuelo

Así sea la vida que soñamos.
Heberto Padilla

No me exijas glorias
que aún padezco el dolor
de las heridas sufridas
en las batallas peleadas por otros.
-- Mis glorias son todo
lo que vivo y padezco --.
No me pidas sonrisas
porque llevo el rostro triste
y los brazos cansados
de tanto esfuerzo perdido
por construir el camino
de un alba duradera.
No reclames palabras de amor
que mi voz está vacía
de tanto gritar
en los rincones del dolor.
No me pidas caricias
porque he dejado mis besos
en la blancura sin asombro
de las sábanas.
Tarde o temprano
a la luz clara de la vida,
forjando la alegría y el trabajo
de una aurora encendida y perdurable,
te he de mostrar
mi rostro límpio de hombre nuevo,
sin corona de laurel o muérdago,
con las manos curtidas con olor a tierra

Flight

May the life we dream be like that.
Heberto Padilla

Don't expect bliss from me
as still I suffer pain
from wounds received
in battles fought by others.
-- My bliss is all
 I live and undergo --.
Don't ask for smiles from me
because my face is sad
and my arms tired
from so much lost effort
trying to construct a roadway
of enduring dawn.
Don't insist on words of love
as my voice is empty
from so much calling out
in the places of my pain.
Do not ask caresses of me
because I have left my kisses
in the whiteness without astonishment
of the bedsheets.
Sooner or later
in the clear light of life,
forging happiness and work
from an inflamed and enduring dawn,
I must show you
my clear face of a new man,
without laurel wreath of mistletoe,
with hands hardened by the odor of the earth

y entonces tendré para tí
el festón de luz que anhelas,
aquel girón luminoso de cielo
y todo el gozo que ahora me pides.

Himno

En este mundo
de clamor desesperado
el amor parece ser
el más admirable
de todos los proyectos
pero quizás el corazón es
simplemente
demasiado pequeño.

and then I shall hold out to you
the garland of light you wish for,
that luminous circle of sky
and all the fulfillment you ask of me now.

Hymn

In this world
of desperate outcry
love seems to be
the most admirable
of all projects
but perhaps the heart is
simply
too small.

Fragmento de metralla

En medio de la lucha
entre el romper desgarrado de la metralla
te marchaste.
Cogiste tu maleta
empacaste tu familiar intimidad
los discos de Bob Dylan,
tus muñecos de peluche
y lo abandonaste todo.
Dejaste atrás tu vuelo,
tu esperanza, las gavetas llenas de antojos
y la herradura
de fotografías en el tocador.
Dejaste
un dolor perplejo de amaneceres y ocasos,
de paraisos perdidos,
un sabor agrio, impotente, inesperado.
Dejaste también el recuerdo de las noches
enredadas en las sábanas,
esas sábanas tibias que sorprendían
el suave batallar de nuestros cuerpos.
Te marchaste en una tregua de la lucha.
No lo meditaste mucho
y ya entrada la noche
me dijiste: ¡me largo de aquí!
Y te fuiste.
Te retiraste de la contienda
rindiéndote
sin saborear el aliento de la victoria.
Ahora ya no queda ni un olvido
pero yo sigo en el arduo combate

Fragment of schrapnel

At the end of the conflict
between the shattered breaking of schrapnel
you left.
You took your suitcase
packed up your family intimates
Bob Dylan's recordings,
your dolls of felt
and abandoned everything.
You left behind your flight,
your hope, drawers full of whimsical things
and the horseshoe frame
of photographs on the dressing table.
You left
a perplexing pain of dawns and sunsets,
of lost paradises,
a bitter taste, impotent, unexpected.
You also left the memory of nights
wrapped in bedsheets,
those warm sheets that took by surprise
the mellowed battling of our bodies.
You went off in the combat's time of truce.
You didn't think about it very long
and once night had fallen
you said: I'm getting out of here!
And you left.
You pulled yourself out of the fight
throwing in the towel
without savoring the breath of victory.
Now not even forgetfulness remains
but I keep up that ardent struggle

de guerrero alucinado,
llorando tu sombra huidiza y traicionera,
sigo plantado en la trinchera en mis botas firmes
con sudor y ansia resoplando
con la camisa manchada de sangre
porque la bala entró por donde ya no estabas.

Pregón

¡Qué mi poema sea siempre
una acción querrillera
en nombre de lo eterno!

of a deluded warrior,
weeping for your fleeing traitor's shadow,
still standing in the trenches with my heavy boots
snorting with perspiration and anguish
my shirt besmirched with blood
because the bullet penetrated where you already
                no longer were.

Proclamation

May my poem always be
a guerrilla action
in the name of the eternal!

Aquel algo tan remoto

Yo te regalaba flores,
plantas en brote
de formas no presentidas:
te gustaban particularmente las hortensias
con sus inverosímiles flores hermosas
en corimbos terminales
rosadas, azules, o de un blanco acetileno.
Decías que eran plantas para soñar.

Tu me regalabas libros:
thrillers, libros de viaje, de poemas
que esperabas leer cuando yo los consumiera
aunque preferías encontrarte en el patio
plantando tus sueños.

Al cabo del tiempo
las flores terminarían en mi escritorio
en jardineras y búcaros de loza
y los libros se quedaban marchitándose
en tu mesa de noche.

En la lenta danza de los días
los dos nos mirábamos
en un desesperado esfuerzo
tratando de reconocer en nosotros
una vieja promesa, aquel algo tan remoto
disfrazado ahora
en el perfume angustioso de las hortensias
o el terror y la belleza indefinible
que yo buscaba en los libros.

That something so remote

I made gifts of flowers to you,
plants abudding
with no premonition of their forms:
best of all you liked hydrangeas
with their improbably lovely flowers
in terminal umbrellas
of rose, blue, and acetylene white.

You said they were plants to dream about.
You made me gifts of books:
thrillers, travel books, poetry
that you wanted to read when I had consumed them
although you preferred to be in the patio
planting your dreams.

After a while
the flowers would end up on my desk
in flower boxes or earthenware vases
and the books would lie moldering
on your night table.

In the slow dance of days
the two of us looked at each other
in a desperate attempt
to find within ourselves
an old promise, that remote something far away
now disguised
in the anguished perfume of the hydrangeas
or the terror and indefinable beauty
that I searched for in the books.

En este día

En este día
como en tantos otros
cada vez que me detengo
a escuchar el rumor de la vida
sólo advierto
el latido del pueblo.

Dádiva del alba

Hemos vivido tanto tiempo
encadenados a la noche
que inevitablemente tendremos que despertar
al brillo de la mañana.
Pero no creamos en el alba
tan sólo porque la hayamos visto
y hayamos palpado su resplandor
sino por lo que su luz y su candor
nos ha revelado.

On that day

On that day
as on so many others
every time I stop
to listen to the sounds of life
I only notice
the heartbeat of people.

Dawn's gift

We have lived so long
in bondage to the night
that inevitably we will have to waken
to the morning's gleam.
But put no faith in dawn
just because we've seen it
and have felt its splendor
except for what its light and its candescense
has revealed to us.

Parábola

a Lauren

Un día
aquel hombre
envilecido frente a la vida
en el colmo de la desesperanza
traicionado por sus amigos,
abandonado por su mujer,
sin remedios de ayuda
a su hijo enfermo,
cabando la fosa
para enterrar a su madre ...
　　　　　　　　　encontró oro.

Pancarta

Hoy día
qué derecho tiene nadie
a preguntar
por qué vive
cuando hay hombres que mueren
sin poder preguntar por qué
lo hacen.

Parable

> for Lauren

One day
that man
degraded by life
in the depths of despair
betrayed by his friends,
abandoned by his wife,
with no possible help
for his sick child,
digging the grave
to inter his mother ...
                      encountered gold.

Placard

Nowadays
what right does anybody have
to ask
why he's alive
when there are so many men who die
without being able to ask why
they are dying.

Saludo

a R. S.

No dejes que la noche
cierre la puerta en sombra.
Cuando la luz decline entre las ramas
sube a la cima del monte
coge
en el gajo más alto
el último oro del día
y aprisiónalo en tu seno
porque será un ave de fuego
con el pecho color de aurora
y de un canto tan intenso y deslumbrante
que nadie lo podrá apagar.

Viva la vida

"Pies para que los quiero
si tengo alas para volar"
escribió Frida Khalo
en el año de su muerte.

Greeting

to R. S.

Do not let the night
close the door in darkness.
When the light descends between the branches
climb to the peak of the mountain
gather up
in the highest bough
the final golden color of the day
and imprison it in your breast
because it will be a bird of fire
with a bosom tinted with the dawn
and the oh so intense and dazzling song
that no one can extinguish.

Long live life

"Feet why should I want them
if I have wings to fly"
wrote Frida Khalo
the year of her death.

Memoria de un pasado inmediato

Indefenso y desarmado
tu dolor fue tan intenso
que pediste que te dejaran solo,
y así salieron
los recuerdos y los viejos miedos
después de una noche de lucha.

Pasaste incontables jornadas
en ardua soledad; tu juventud
guardada en un hondo suspiro;
tu corazón maduro
para la maravilla y el milagro.

Tu casa aún sigue vacía
sin escudos protectores.
El duro aprendizaje de silencio
ha disipado los fantasmas
y ya los miedos no encuentran paredes,
la sombra anda perdida y sin rumbo,
el dolor ya no conoce esquinas donde anquilosarse.
Ahora no hay tristeza ni nostalgia
y el palpitar de este momento
es un puente silencioso
hacia la clara memoria de un pasado inmediato
que en el diáfano centro de la vida
pule los recuerdos cumplidos
encendiendo la luz de un sueño, de una llama
que entre las viejas cenizas
ya aviva en esperanza.

Remembrance of a time just past

Unprotected and unarmed
your pain was so intense
that you asked to be left alone,
and so out came
memories and ancient fears
after a night of contention.

You went through innumerable days
on ardent solitude; your youth
held in a deep sigh;
your heart ripe
for marvels and miracles.

Your house still empty
of protecting emblems.
The harsh apprenticeship of silence
has dissipated the fantasms
and your fears no longer encounter walls,
darkeness wanders lost and without purpose,
pain can no longer find a place to stop.
Now there is neither sadness nor nostalgia
and the palpitation of this moment
is a silent bridge
toward the bright remembrance of a time just past
that in the diaphonous center of life
polishes memories fulfilled
igniting the light of a dream, of a flame
that among the dying embers
brings hope to life again.

Retórica

> *Padecer es un deber, y,
> acaso una necesidad
> de los poetas.*
>
> José Martí

Poeta,
nunca pierdas la costumbre de tu oficio:
donde quiera que estés
habla sin miedo con voz repleta y ancha,
infúndele a tu palabra la verdad,
llena el verso con lo mejor tuyo
porque aunque manchen tu nombre
y quemen tu página
y allanen tu casa
y te escupan la cara
y te den bofetadas
y quieran reventarte a pescozones
tienes que vivir
a la altura del dictado platónico
de ser el vehículo escogido
de la crítica y el descontento.

Rhetoric

> *To suffer is an obligation, and
> perhaps a necessity
> for poets.*
>
> José Martí

Poet
never lose the habit of your craft:
wherever you may be
speak out fearlessly in a full broad voice,
infuse your word with truth,
fill your verse with your very best
because even though they besmirch your name
and burn your writing
and flatten your house
and spit in your face
and slap you
and want to strike you
you must live
at the level of platonic dictates
as the chosen vehicle
of criticism and discontent.

Algún día

Algún día
mujer perversa
-- camaleón hechizado--
regresaré a tus playas
de la más fina piel.
Entonces,
de una vez para siempre
ajustaremos cuentas
tratando
de encerrar la historia
de estos treinta años
en un segundo: alzaré
la cabeza y olvidando
el dolor mío
y el horror de todos
y tantos años abarloando
en caderas lejanas
de arenas espesas
abrazaré tu cuerpo,
dormiré en tu vientre,
me nutrirá la leche de tus pechos
y en tu regazo tropical
te diré una vez más
suavemente
          te amo.

Some day

Some day
perverse woman
-- bewitched chameleon --
I'll return to the beaches
of your finest flesh.
Then,
once and forever
we'll settle accounts
trying
to encapsulate the history
of these thirty years
in a second: I shall lift
my head and forgetting
this pain of mine
and the horror of all
and so many years snuggling up
to distant hips
of thick sand
I shall embrace your body,
I shall sleep within your belly,
the milk of your breast will nourish me
and in your tropical lap
I shall tell you softly
once again
         I love you.

En algún lugar del mundo

En algún lugar del mundo
diariamente
cae alguien
irremisiblemente muerto
erradicado del hogar
sin palabras tiernas
lejos de los suyos y de todos
cae muerto de hambre
o de tristeza
o de un balazo
o de un dolor en al alma
cae muerto
tozudamente muerto
pero cae siempre junto a mí.

Somewhere in the world

Somewhere in the world
every day
someone falls
irretrievably dead
exiled from home
without tender words
far from one's loved ones and from everyone
falls dead from hunger
or from sorrow
or from a bullet wound
or from pain in the soul
falls dead
stubbornly dead
but always falls at my side.

Canto personal

Ahora ya puedo descansar un poco
después de haber llegado a los cincuenta,
dejar constancia
de que empiezo a considerarme viejo,
que me cuesta trabajo soñar;
ahora puedo abandonar todo mi cuerpo
a lo largo del tiempo,
aspirar profundamente el aire penetrante
cerrar los ojos y pensar en nada,
olvidar el daño del ritual trabajo,
del tiempo tembloroso y oscuro,
olvidar tantos gestos saqueados
palabras amargas y silencios;
ahora puedo evocar la curva cervical de la amada
y la oquedad de su sexo suave
y su oscura exigencia;
ahora puedo mirar la lluvia del otoño,
el brillo triste, enturbiado
de las luces del pueblo
y los transeuntes que se agrupan
a comprar el periódico
                espero
en un golpe de espanto
el despertar terrible de los viejos miedos
y comienzo nuevamente a vestirme de hombre,
a salir a la calle de todos los días,
a seguir trabajando por todos,
cantando por todos
los que no tienen pan,
los que no tienen techo,

Personal song

Now I can rest a bit
having gotten as far as fifty,
present proof
that I am beginning to consider myself old,
that I have trouble sleeping;
now I can let my body go
with the flow of time,
breath deeply the penetrating air
close my eyes and not think of anything,
forget the harm of ritual work,
of time atremble and obscure,
forget so many looted gestures
bitter and silent words;
now I can evoke the cervical curve of the beloved
and the cavity of her gentle sex
and its dark exigency;
now I can look at the autumn rain,
the melancholy gleam, fogged over
by the lights of the town
and the transients who gather
to buy the newspaper
                        I await
in a flash of fright
the terrible awakening of ancient fears
and I begin to dress myself again as a man,
to go out into the everyday street,
to go on working for everyone,
singing for everyone
those who have no bread,
those who have no roof,

los perdidos
los inocentes,
los que callan y sufren,
los golpeados,
los heridos en el alma,
los que protestan y gritan y empuñan
el dolor y la paz
como una promesa de redención.

Lo que queda

Lo que queda
en el haber de hoy
es algo que no alcanza
para vivir, para morir,
es sólo una menudencia
para soñar.

the lost,
the innocent,
those who silently suffer,
those who are beaten,
those whose souls are wounded,
those who protest and cry out and grasp
pain and peace
like a promise of redemption.

What is left

What is left
on today's credit side
is something that does not suffice
for living, for dying,
it is barely the wherewithal
for dreaming.

Vaticinio

El exilio es nuestro
y sólo nuestro.
                    No el paraíso.

Prophecy

Exile is ours
and ours alone.
                     Not paradise.

Guillermo Arango nació en 1939 y creció en Cienfuegos, Cuba, donde fue el crítico de cine del diario *La Correspondencia*. Llevó una vida tranquila y familiar participando escasamente en la vida literaria cubana. En 1962 se vio forzado a dejar la isla y marchar al exilio. Ha vivido en Miami, Chicago, y el area central de Ohio donde actualmente reside trabajando como maestro.

Empezó a escribir desde los diez y seis años pero su laboriosidad privada no tomó caríz serio hasta su llegada a los Estados Unidos. Se considera miembro de lo que él llama "la generación desarraigada", ese grupo de cubanos que comenzó a escribir seriamente después de dejar la patria. Los poemas de *Memoria de un pasado inmediato* son testimonio de este desarraigo. Tiene inéditos otros poemarios entre ellos *Aviso a los caminantes, Sorpresa de la noche*, y *Paraisos perdidos*. También ha participado activamente en teatro.

Hugh A. Harter es autor, coautor y traductor de varios libros, artículos y ensayos sobre la literatura y la cultura de Francia, España, Hispanoamérica y el Magreb. Ha enseñado en numerosas universidades norteamericanas y en la Universidad Católica de Arequipa, en Perú. Ha sido igualmente director del **International Institute** en Madrid. En la actualidad trabaja en Segovia, España, con los programas de enseñanza **Horizons for Learning, Inc.**, y **Cursos Americanos e Internacionales, SL**, de los cuales es presidente y fundador.

Su estudio sobre la poetisa Gertrudis Gómez de Avellaneda fue el primer trabajo en inglés sobre la vida y la obra de esta notable figura literaria. Entre sus libros más recientes está la edición bilingüe de *Sombra del paraíso*, del premio Nobel Vicente Aleixandre. De reciente publicación son también su traducción *A Distant Friend*, de Claude Roy, y *Simple Past*, del escritor marroquí Driss Chraibi. Su libro original *Tangier and all That*, aparecerá en el otoño de 1992.

Guillermo Arango was born in 1939, and grew up in Cienfuegos, Cuba, where he was the cinema critic for the journal *La Correspondencia*. He led a quiet and private life, participating scantly in Cuban literary life. In 1962 he was forced to leave the island and to go into exile. He has lived in Miami, Chicago, and the central Ohio area where he presently resides working as a teacher.

He has been writing since he was sixteen years old but his quiet output did not take a serious turn after his arrival in the United States. He considers himself a member of what he calls "the uprooted generation", that group of cubans who began writing in earnest after leaving the homeland. The poems of *Remembrance of a Time Just Past* are testimony of this uprooting. He has several umpublished books of poems, among them *Warning to the Travelers*, *Suddenly Evening*, and *Lost Paradises*. He has also actively participated in theatre.

Hugh A. Harter is the author, co-author, and translator of various books, articles, and reviews on the literature and cultures of France, Spain, Latin America, and the Maghreb. He has taught at several american universities, and at the Universidad Católica de Arequipa in Peru. He has also been the Director of the **International Institute** in Madrid. At present he works in Segovia, Spain, through **Horizons for Learning, Inc.**, and **Cursos Americanos Internacionales, SL**, of which he is president and founder of both organizations.

Harter's critical study of the poetess Gertrudis Gómez de Avellaneda was the first work in English about the life and work of this notable literary figure. Among his most recent books is the bilingual edition of Nobel Laureate Vicente Aleixandre's *Shadow of Paradise*. Also of recent publication are his translation of Claude Roy's *A Distant Friend*, and Moroccan writer Driss Chraibi's *Simple Past*. Harter's newest book, *Tangier and all that*, is scheduled for publication in the fall of 1992.